This Notebook
Belongs to:

....

Musical Symbols

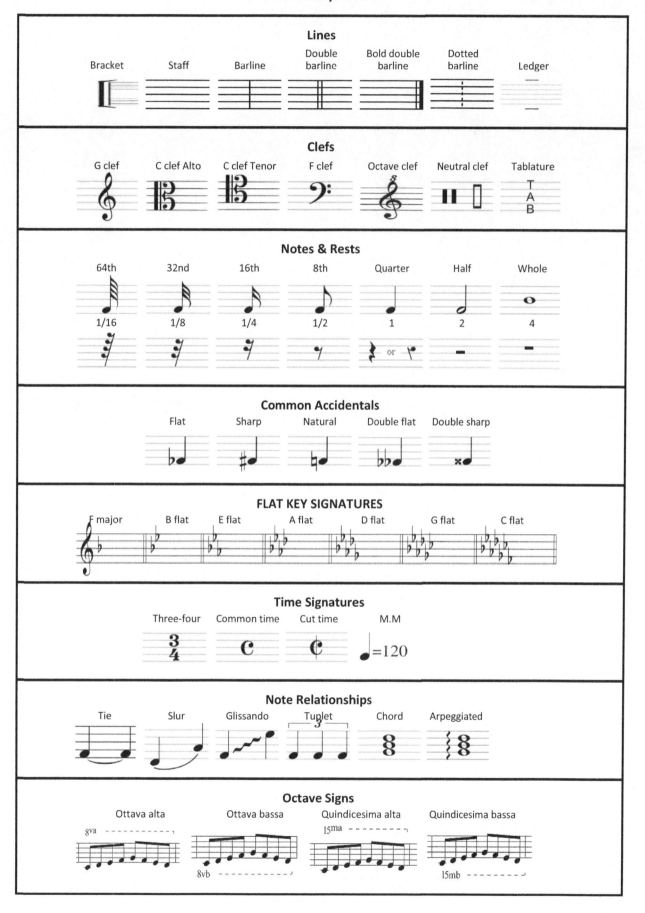

Title: ....   Composer: ....

Title: .... Composer: ....

Title: .... Composer: ....

Title: ....   Composer: ....

Title: ....   Composer: ....

Title: .... Composer: ....

Title: .... Composer: ....

Title: .... Composer: ....

Title: .... Composer: ....

Title: .... Composer: ....

Title: ....   Composer: ....

Title: .... Composer: ....

Title: ....   Composer: ....

Title: ....   Composer: ....

Title: .... Composer: ....

Title: .... Composer: ....

Title: .... Composer: ....

Title: .... Composer: ....

Title: ....   Composer: ....

Title: .... Composer: ....

Title: .... Composer: ....

Title: ....   Composer: ....

Title: .... Composer: ....

Title: .... Composer: ....

Title: ....   Composer: ....

Title: ....   Composer: ....

Title: .... Composer: ....

Title: ....   Composer: ....

Title: .... Composer: ....

Title: ....   Composer: ....

Title: .... Composer: ....

Title: ....   Composer: ....

Title: .... Composer: ....

Title: .... Composer: ....

Title: .... Composer: ....

Title: .... Composer: ....

Title: .... Composer: ....

Title: ....   Composer: ....

Title: .... Composer: ....

Title: ....   Composer: ....

Title: .... Composer: ....

Title: .... Composer: ....

Title: .... Composer: ....

Title: ....   Composer: ....

Title: .... Composer: ....

Title: ....   Composer: ....

Title: .... Composer: ....

Title: ....   Composer: ....

Title: .... Composer: ....

Title: ....   Composer: ....

Title: .... Composer: ....

Title: .... Composer: ....

Title: ....   Composer: ....

Title: ....   Composer: ....

Title: .... Composer: ....

Title: .... Composer: ....

Title: .... Composer: ....

Title: .... Composer: ....

Title: .... Composer: ....

Title: .... Composer: ....

Title: .... Composer: ....

Title: .... Composer: ....

Title: .... Composer: ....

Title: .... Composer: ....

Title: .... Composer: ....

Title: ....   Composer: ....

Title: ....   Composer: ....

Title: .... Composer: ....

Title: .... Composer: ....

Title: ....   Composer: ....

Title: .... Composer: ....

Title: .... Composer: ....

Title: .... Composer: ....

Title: ....   Composer: ....

Title: ....   Composer: ....

Title: .... Composer: ....

Title: ....   Composer: ....

Title: ....   Composer: ....

Title: ....   Composer: ....

Title: ....   Composer: ....

Title: .... Composer: ....

Title: ....

Composer: ....

Title: .... Composer: ....

Title: ....   Composer: ....

Title: ....   Composer: ....

Title: .... Composer: ....

Title: ....   Composer: ....

Title: .... Composer: ....

Title: ....   Composer: ....

Title: .... Composer: ....

Title: ....   Composer: ....

Title: ....   Composer: ....

Title: .... Composer: ....

Title: .... Composer: ....

Title: .... Composer: ....

Title: ....   Composer: ....

Made in the USA
Las Vegas, NV
28 August 2024

94561661R10057